PIANO · VOCAL · GUITAR

POWER BALLADS
30 ROCK ANTHEMS

ISBN 978-1-4234-5808-1

HAL•LEONARD®
CORPORATION
7777 W. BLUEMOUND RD. P.O. BOX 13819 MILWAUKEE, WI 53213

Visit Hal Leonard Online at
www.halleonard.com

CONTENTS

ALMOST PARADISE
Love Theme from the Paramount Motion Picture FOOTLOOSE

Words by DEAN PITCHFORD
Music by ERIC CARMEN

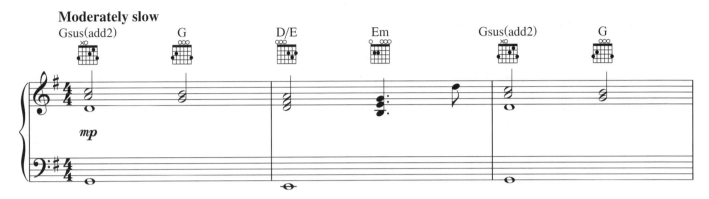

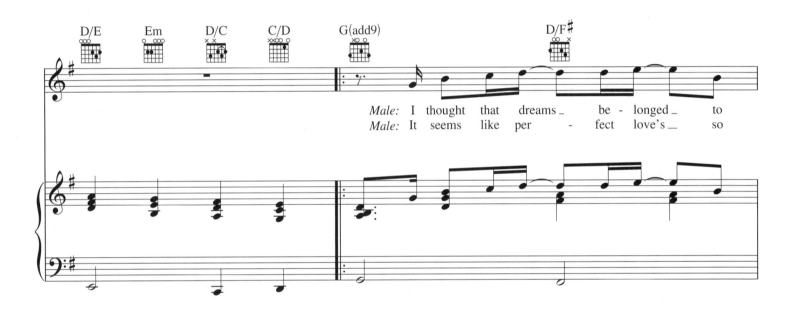

Male: I thought that dreams be-longed to
Male: It seems like per - fect love's so

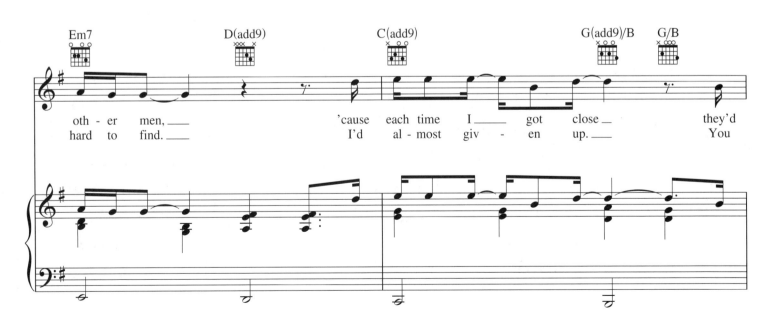

oth - er men, _____ 'cause each time I _____ got close _____ they'd
hard to find. _____ I'd al - most giv - en up. _____ You

BED OF ROSES

Words and Music by
JON BON JOVI

Sit-ting here wast-ed and wound-ed at this old pi-an-o
i-ron-clad fist I wake up and French kiss the morn-ing
so far a-way that each step that I take is on my way home.

try-ing
while some
A king's

hard___ to cap-ture the mo - ment this morn - ing I don't know.___ 'Cause a
march - ing band keeps its own beat___ in my head while we're talk - ing _____ a - bout
ran - som in dimes I'd give each___ night to see through this pay - phone.___ Still I

bot-tle of vod - ka is still lodged in my head and some blonde gave me night - mares. I think that she's still in my___
all of the things that I long to be - lieve a - bout love and the truth,___ what you mean to me and the
run out of time or it's hard to get through till the bird on the wire flies me back to you. I'll

___ bed as I dream a - bout mov - ies they won't make of me when I'm

dead. With an truth is
just close my eyes and whis - per,

you close your eyes, ___ know I'll be think-ing a-bout you while my

BRINGIN' ON THE HEARTBREAK

Words and Music by JOE ELLIOTT,
RICHARD SAVAGE, RICHARD ALLEN,
STEVE CLARK and PETER WILLIS

CAN'T FIGHT THIS FEELING

Words and Music by
KEVIN CRONIN

CARRIE

Words and Music by JOEY TEMPEST
and MIC MICHAELI

When lights go down, I see no rea - son ____ for you to cry. ____

We've been through this ____ be - fore ____ in ev - 'ry

mind, with no in - ten - tions of be - ing un - kind, ____

I wish I could ____ ex - plain. ____ It all takes

(I Just)
DIED IN YOUR ARMS

Words and Music by
NICHOLAS EEDE

don't see ___ an eas - y way ___ to get out of this.
to be ___ dis - creet ___ but then ___ I blow it a - gain.

Her dia - ry, it sits ___ by the bed - side ta - ble. The
I've lost and found, ___ it's my fi - nal mis - take, she's

cur - tains are closed, ___ the cat's in the cra - dle. Who ___ would've thought ___ that a boy ___
lov - ing by prox - y, no give and all take.'Cause I've been ___ thrilled to fan - ta - sy one ___

___ like me ___ could come to this. }
___ too man - y times.

Oh, _____

DON'T KNOW WHAT YOU GOT
(Till It's Gone)

Words and Music by
TOM KEIFER

I can't tell you, ba - by, what went
I can't feel the things that cause you

wrong. ___
pain. ___

I can't make you feel ___ what you
I can't clear my heart ___ of your

felt so long a - go. ___
love, it falls like rain. ___

I'll let it show. ___
Ain't the same. ___

DREAM ON

Words and Music by
STEVEN TYLER

sing for the laugh-ter 'n' sing ____ for the tears. ____ Sing with me if it's just for to-day, _

1 may-be to-mor-row the good Lord will take you a-way.

2 may-be to-mor-row the good Lord _ will take you a-

way.

Repeat and Fade

mf

THE FLAME

Words and Music by NICK GRAHAM
and BOB MITCHELL

I will be ___ the flame. ___

D.S. al Coda

EVERY ROSE HAS ITS THORN

Words and Music by BOBBY DALL,
BRETT MICHAELS, BRUCE JOHANNESSON and RIKKI ROCKETT

lis-ten to our fa-v'rite song play-ing on the ra-di-o,___ hear the

D. J. say love's a game of eas-y come and eas-y go.___ But I

won-der does___ he know, has he ev-er felt___ like this? And I

FOREVER

Words and Music by PAUL STANLEY
and MICHAEL BOLTON

ev - er. ___ This time I know and there's no doubt in my mind, ___ for -

ev - er. ___ Un - til my life is through, girl, I'll be lov - in' you for -

ev - er. ___ It's ___ for -

Repeat and Fade

HARD TO SAY I'M SORRY

Words and Music by PETER CETERA
and DAVID FOSTER

HAVE I TOLD YOU LATELY

Words and Music by
VAN MORRISON

Slowly, with expression

Have I told ___ you late-ly that I love you? Have I

told you there's no one else ___ a-bove ___ you?

Fill my heart ___ with glad - ness, take a-way all ___ my sad - ness,

IT'S ALL COMING BACK TO ME NOW

Words and Music by
JIM STEINMAN

Moderately, with feeling

There were nights when the wind was so cold that my

bod-y froze in bed if I just lis-tened to it right out-side the win-dow.

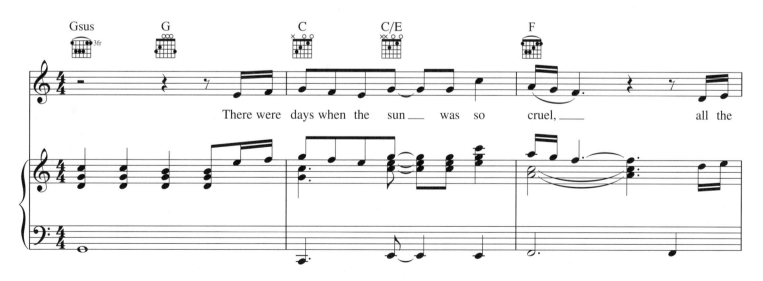

There were days when the sun was so cruel, all the

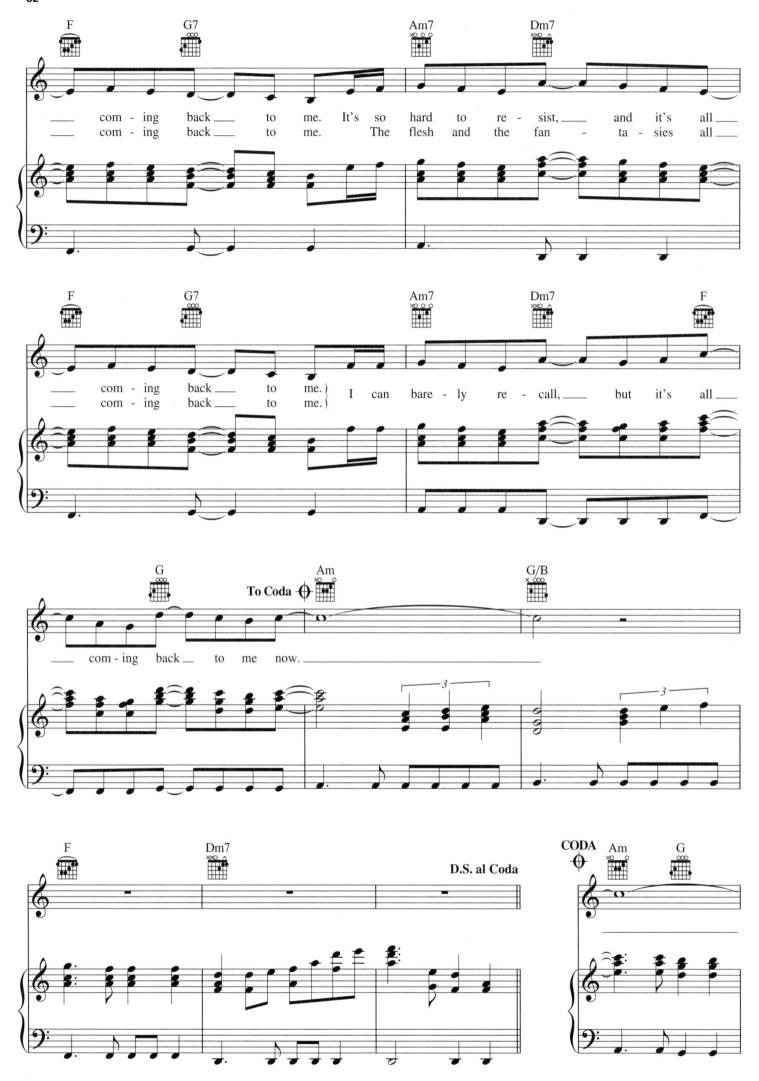

HEADED FOR A HEARTBREAK

Words and Music by
KIP WINGER

B♭sus2(add♯4)/C

Gm6

B♭sus2(add♯4)

B♭/A

Gm7

Gm/F

Solo ends

Don't you think ___ I feel the pain? _____

Guitar solo ad lib.

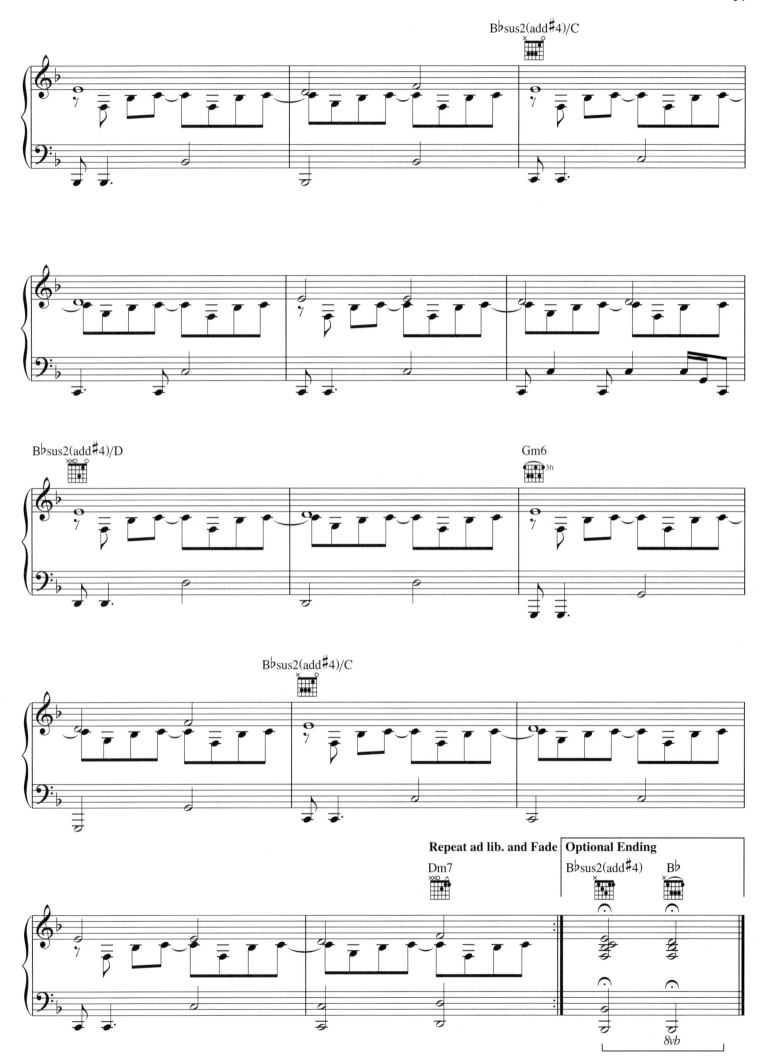

HEAVEN

Words and Music by
JANI LANE

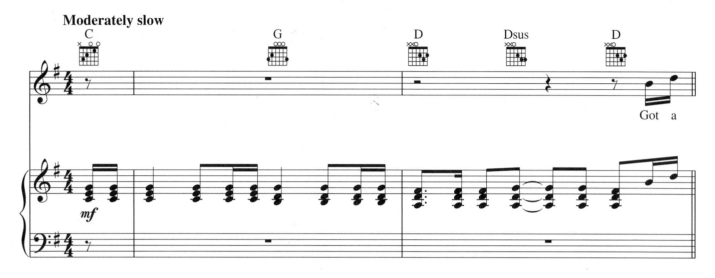

Moderately slow

Got a

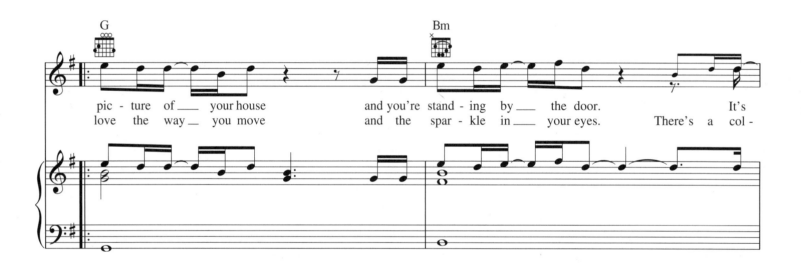

pic - ture of ___ your house and you're stand - ing by ___ the door. It's
love the way ___ you move and the spar - kle in ___ your eyes. There's a col -

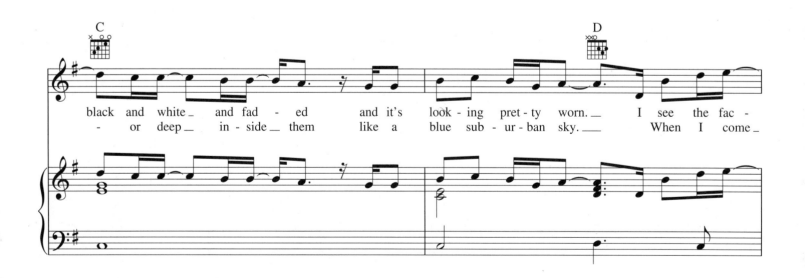

black and white ___ and fad - ed and it's look - ing pret - ty worn. ___ I see the fac -
- or deep ___ in - side ___ them like a blue sub - ur - ban sky. ___ When I come ___

Now the lights ___ are go - ing out a -

long the boul - e - vard. ___ Mem - o - ries ___ come rush-ing back ___ and it makes ___

LADY

Words and Music by
DENNIS DeYOUNG

Moderately fast

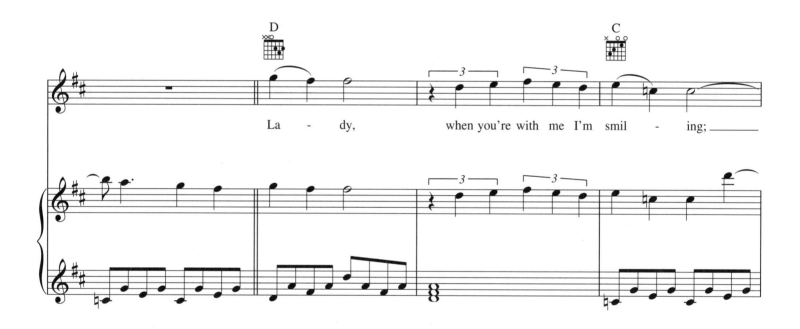

La - dy,   when you're with me I'm smil - ing; _____

_____ give ___ me   all _____ your _ love. _____

LISTEN TO YOUR HEART

Words and Music by PER GESSLE
and MATS PERSSON

I know there's some-thing in the wake of your smile. _____ I get a no- tion from the
Some-times you won- der if this fight is worth-while. _____ The pre- cious mo- ments are all

look in your eyes, ___ yeah. ___ You've built a love _____ but that love falls a- part. ___ Your lit- tle piece of
lost in the tide, ___ yeah. ___ They're swept a- way ___ and ___ noth-ing is what it seems, ___ the feel-ing of be-

*Recorded a whole step higher.

MISSING YOU

Words and Music by JOHN WAITE,
CHARLES SANFORD and MARK LEONARD

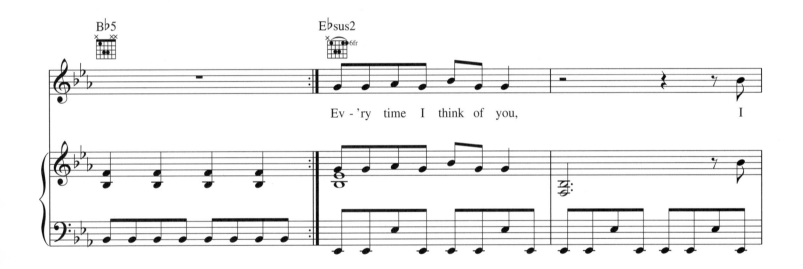

MORE THAN A FEELING

Words and Music by
TOM SCHOLZ

I woke up this morn - ing and the sun was gone. ____ I
So man - y peo - ple have come and gone; ____ the

turned up the mu - sic to start my ____ day. ____ I
fac - es fade ____ as the years go ____ by, ____ yet

When I'm tired ___ and think-ing cold, I hide in my mu - sic, for -

NIGHTS IN WHITE SATIN

Words and Music by
JUSTIN HAYWARD

NOTHING'S GONNA STOP US NOW

Words and Music by DIANE WARREN
and ALBERT HAMMOND

Moderate Rock

Look - ing in your eyes I see ___
___ so glad I found you, I'm ___

___ a par - a - dise, this world ___ that I found ___ is too good ___
___ not gon - na lose you, what - ev - er it takes ___ I will stay ___

___ to be true. ___ Stand - ing here be - side you, want ___
here with you. ___ Take ___ you to the good times, see ___

SOMEBODY TO LOVE

Words and Music by
FREDDIE MERCURY

SARA

Words and Music by
STEVIE NICKS

Moderately

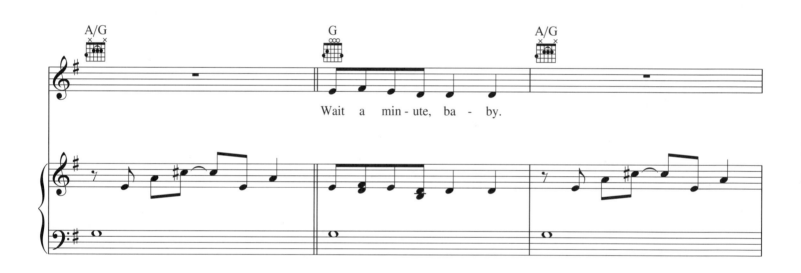

Wait a min - ute, ba - by.

Stay with me a while. _

Said you'd give me light, _

but you nev-er told ___ me 'bout the fire. ___

146

TAKE MY BREATH AWAY
(Love Theme)
from the Paramount Picture TOP GUN

Words and Music by GIORGIO MORODER
and TOM WHITLOCK

Watch-ing ev-'ry mo-tion in ___
Watch-ing, I keep wait-ing, still ___
Watch-ing ev-'ry mo-tion in ___

___ my fool-ish lov-er's game; ___
___ an-tic-i-pat-ing love, ___
___ this fool-ish lov-er's game; ___

on this end-less o-cean, fi-
nev-er hes-i-tat-ing to ___
haunt-ed by the no-tion some-

TOTAL ECLIPSE OF THE HEART

Words and Music by
JIM STEINMAN

THESE DREAMS

Words and Music by MARTIN GEORGE PAGE
and BERNIE TAUPIN

Spare a lit-tle can-dle, save___ some light for me;___
Is it cloak___ and dag-ger? Could___ it be spring or fall?___
The sweet-est song___ is si-lence that___ I've ev-er heard.___

fig-ures up___ a-head___ mov-ing in___ the trees.___ White
I walk with-out___ a cut___ through a stained-glass wall.___
Fun-ny how___ your feet___ in dreams nev-er touch the earth.___ In a

WHEN I'M WITH YOU

Words and Music by ARNOLD LANNI,
CHARLES-ANDRE COMEAU, SEBASTIEN LeFEBVRE
and JEAN-FRANCOIS STINCO

with you. _____ When I'm ___ with you. _____

WIND OF CHANGE

Words and Music by
KLAUS MEINE

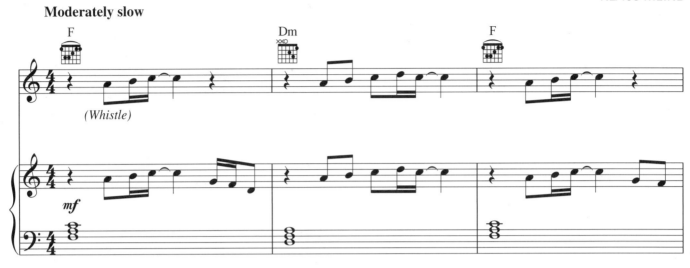

(Whistle)

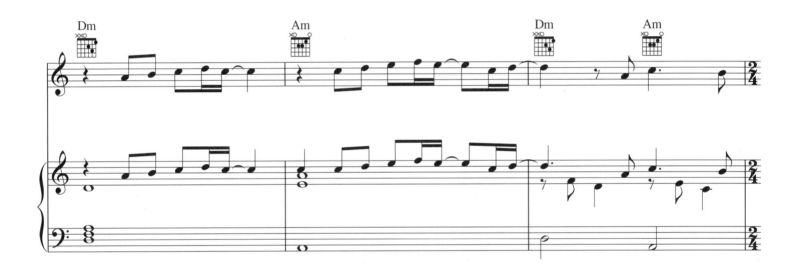

I fol - low the Mos - kva ___ down to Gor - ky Park, ___
The world is clos - ing in. ___ Did you ev - er think ___
Walk - ing down the street, ___ dis - tant mem - o - ries ___

Take ____ me ____ to the mag-ic of the mo - ment on a glo - ry night, ____ where the

WHEN I LOOK INTO YOUR EYES

Words and Music by CARL SNARE
and BILL LEVERTY